MÉMOIRE

sur

L'ÉPIDÉMIE DE ROUGEOLE ET DE SUETTE MILIAIRE,

Qui a sévi dans la commune de Rochecorbon pendant les mois de février, mars, avril et mai, lu à la Société médicale du département d'Indre-et-Loire, dans sa séance du 7 mai 1857,

Par M. le docteur LEBLED, médecin à Rochecorbon.

Les premières rougeoles ont paru vers le commencement de février dans la commune de Parçay, où elles se sont propagées assez rapidement. Elles ont descendu les vallées, en se rapprochant de la Loire, et vers la fin du mois l'épidémie a éclaté à Rochecorbon dans l'école des garçons, dont quarante ont été atteints en quelques jours. L'école des filles n'a été prise que huit à dix jours après et d'une manière tout aussi brusque.

Jusqu'au 15 mars, toutes les rougeoles ont été simples et bénignes. Vers cette époque elles ont pris un caractère plus grave et se sont compliquées souvent d'une éruption de petites vésicules miliaires plus ou moins confluentes. Cependant tout marchait bien, et je pouvais en voir quarante ou cinquante par jour, grâce à leur agglomération dans la vallée, lorsque, du 19 au 20 mars, il mourut cinq enfants atteints de rougeole, du premier au troisième jour de l'éruption.

Ces morts, que rien ne faisait prévoir, avaient été si rapides que je les attribuai à la répercussion de l'exanthème produite par l'influence du froid.

Mais l'alarme était au pays, j'étais moi-même fort inquiet, car j'avais encore un très-grand nombre de malades dont plusieurs très-gravement atteints. M. le maire de Rochecorbon écrivit à M. le Préfet pour le prévenir de l'état des choses, et M. le docteur Haime, inspecteur des épidémies fut envoyé assisté de M. le docteur Blot.

Ces Messieurs virent un certain nombre de mes ma-

Après un accès bien caractérisé, accompagné des accidents les plus graves et qui mit la malade à deux doigts de sa perte, j'administrai de fortes doses de sulfate de quinine, et la fièvre, avec tous ses phénomènes pernicieux, disparaissait après un second accès moins grave que le premier, laissant l'éruption la plus confluente suivre toutes ses phases d'une manière si bénigne que la convalescence s'établissait au bout de quelques jours.

C'était une révélation !

Je compris que j'avais à ma disposition un agent qui, bien manié, pouvait me rendre les plus grands services. Je savais qu'on l'avait déjà donné dans la suette, mais aussi je savais que son action avait été contestée par les hommes les plus éclairés. L'expérience était commencée, je résolus de la continuer hardiment mais prudemment.

Je me mis donc à administrer le sulfate de quinine à la dose fébrifuge (d'un à trois grammes, selon l'âge et la gravité des cas), dans tous les cas de suette confirmée, c'est-à-dire après l'éruption, et toujours j'obtins les mêmes résultats : la fièvre disparaissait avec tous ses accidents, laissant l'éruption miliaire se développer de la manière la plus bénigne.

Encouragé par ces succès, j'allai plus loin, je le donnai au début de la maladie, c'est-à-dire avant l'éruption qui s'annonce par des prodromes, que j'étais parvenu à distinguer. Ici le succès dépassa de beaucoup mon attente ; non-seulement je coupais la fièvre, mais je faisais avorter la maladie. La sueur s'arrêtait et l'éruption restait sous l'épiderme qu'elle s'efforçait en vain de soulever, ne laissant de trace qu'une desquammation plus ou moins forte et faisant place à une convalescence aussi courte que la maladie.

En même temps, et pour faire la contre-épreuve de mon expérimentation, je laissais la suette miliaire suivre son cours sans sulfate de quinine chez un certain nombre de malades auxquels venaient se joindre ceux qui m'avaient appelé tardivement. Et je voyais toujours la maladie parcourir toutes ses périodes ordinaires avec des phénomènes plus ou moins graves, pernicieux même dans certains cas, et qui cédaient au spécifique que je m'empressais alors d'administrer.

En un mot, je pouvais à volonté maîtriser la maladie ou lui laisser libre carrière, sûr d'arriver toujours à temps pour lui arracher sa victime que je ne devais pas perdre de vue un seul instant alors, si je ne voulais me laisser surprendre.

C'était un résultat considérable qu'aucun observateur n'avait encore obtenu. C'était la vie dans les cas graves; c'était huit à dix jours d'enlevés à la maladie dans les cas ordinaires. C'était la sécurité pour les malades et le repos pour le médecin.

Dès lors, en effet, s'opérait dans l'épidémie une transformation totale. Le nombre des malades était toujours aussi grand, mais la maladie était tellement modifiée et abrégée que la population rassurée reprenait confiance et le calme rentrait dans les esprits.

Depuis l'administration de ma première dose élevée de sulfate de quinine, je n'ai pas eu un seul décès, sur près de deux cents malades atteints de suette miliaire, pendant les mois d'avril, mai et commencement de juin.

Un succès aussi éclatant a eu des résultats que je n'avais pas prévus. On n'a pas voulu croire à l'existence d'une épidémie ordinairement si meurtrière et qui ne faisait plus de victimes.

Mais tandis qu'elle était maîtrisée dans la commune de Rochecorbon, cette perfide maladie prouvait son existence en tuant plusieurs malades dans deux communes voisines, où elle s'était étendue en rayonnant de son foyer, donnant ainsi une preuve de plus à l'efficacité du traitement.

La suette miliaire confluente et isolée de toute complication a des phénomènes si bien dessinés, qu'il est impossible à un observateur attentif, et surtout prévenu, de la méconnaître même à première vue. Les nouveaux traités de pathologie ne laissent rien à désirer pour sa description. Aussi cette épidémie a-t-elle été constatée à Rochecorbon par des praticiens qui n'ont pas hésité à la reconnaître, quoique la voyant pour la première fois.

M. le docteur Haime, prévenu par moi que mon épidémie avait changé de nature, s'est rendu une seconde fois à Rochecorbon. Il a constaté la suette miliaire sous les diverses formes depuis les plus légères jusqu'aux plus graves, et il a vu le résultat du traitement.

M. le docteur Thomas, appelé plusieurs fois en consultation, a vu un certain nombre de suettes, et m'a encouragé dans la voie que j'avais prise. Son influence, dans un cas de suette pernicieuse, m'a été du plus grand secours pour me permettre de persévérer dans mon traitement malgré l'opposition de la famille.

MM. les docteurs Giraudet et Allain-Dupré ont aussi vu quelques-uns de mes malades. Tous ces messieurs ont pu constater les effets du sulfate de quinine.

Je dois ici, Messieurs, vous parler de M. Pasquier, interne de l'hospice de Tours, qui, sur ma demande, a bien voulu venir m'aider dans cette épidémie qui débutait d'une manière si menaçante. Pendant trois semaines il a partagé les soins que réclamaient mes trop nombreux malades. Il est impossible d'être plus actif, plus serviable et plus intelligent. Il m'a si bien secondé que, grâce à son concours, les soins n'ont manqué à personne. Je suis heureux de pouvoir lui donner ici un témoignage de ma gratitude.

Je n'entreprendrai point la description de la suette miliaire, dont l'histoire a été si bien faite dans plusieurs traités spéciaux. Je me bornerai à dire que j'ai lu la relation de plusieurs épidémies, dans lesquelles j'ai reconnu tous les caractères de celle de Rochecorbon.

Voici cependant les phénomènes les plus marqués qui la distinguent des autres affections avec lesquelles on pourrait la confondre.

La suette débute presque toujours par un frisson initial suivi d'une accélération du pouls qui reste mou et dépressible, et d'une sueur plus ou moins abondante qui vient d'emblée et sans élévation de la chaleur de la peau. Cette sueur, d'une abondance extrême dans certains cas, a une odeur aigre caractéristique qui manque rarement surtout à la paume des mains qui devient onctueuse au toucher. En même temps paraissent quelques petites vésicules miliaires isolées sur la face, le cou et la poitrine.

Ces phénomènes durent plusieurs jours avec des intermittences ou des rémittences fébriles plus ou moins marquées. Ils ne manquent jamais, mais peuvent échapper à l'attention du médecin et même du malade, quand ils sont légers.

Du troisième au cinquième jour de l'incubation paraît une éruption de petites taches rouges bien isolées et surmontées d'une petite vésicule miliaire. Ces taches sont parsemées d'autres vésicules plus ou moins transparentes et plus volumineuses, qui peuvent recouvrir toutes les parties du corps, excepté le haut de la figure, où elles sont toujours discrètes. Il n'y a ni toux, ni coriza, ni larmoiement.

En même temps que l'éruption, paraissent dans les cas graves, une anxiété précordiale profonde, une agitation très-grande, du délire, des hallucinations, une surexcitation cérébrale et souvent une terreur panique qui donne au malade le sentiment ou la crainte d'une mort prochaine.

Ces phénomènes, accompagnés de quelques autres accidents pernicieux, reviennent généralement par accès avec une très-grande fréquence du pouls, que j'ai vu donner cent soixante pulsations à la minute. Si l'on n'intervient pas alors avec le spécifique, la mort arrive quelquefois après le second et toujours après le quatrième accès pernicieux. Dans les cas légers tous ces accidents peuvent manquer ou exister bien moindres.

La fièvre cesse du quatrième au huitième jour de l'éruption qui dure quelquefois douze jours et plus et se termine par une desquammation par plaques, comme dans la scarlatine.

Dans quelques cas, il n'y a que de la sueur sans éruption ; dans d'autres, de l'éruption sans sueurs et sans fièvre ; enfin, il peut n'y avoir que fièvre sans sueurs et sans éruption.

Je suis persuadé que la suette de Poitiers, la suette de Périgord, la suette de Picardie et la suette de Rochecorbon ne sont qu'une seule et même maladie, née sous l'influence des mêmes causes probablement.

Ici, comme ailleurs et comme dans toutes les épidémies, ces causes sont difficiles à apprécier. Cependant la maladie s'étant circonscrite dans un rayon de cinq ou six kilomètres, après avoir éclaté dans un foyer où elle a atteint son maximum d'intensité, il faut chercher dans la localité s'il n'y aurait pas quelque cause particulière qui ait pu concourir à sa production.

En dehors des causes ordinaires d'insalubrité qui existent dans la vallée de Rochecorbon et que j'ai eu l'honneur de signaler à M. le Préfet, dans un rapport confirmé par celui de M. le docteur Giraudet au Conseil d'hygiène, je vois de récent que le débordement de la Loire de l'année dernière, qui cependant a été si peu de suette miliaire, et que je lui crois la propriété de prévenir cette affection comme de la guérir quand elle existe. Je le donne ordinairement dans du vin.

En résumé, Messieurs, j'ai vu dans la commune de Rochecorbon et les communes environnantes dans un rayon de cinq à six kilomètres :

Quatre-vingt-quinze cas de rougeole simple, avec un seul décès par suite de répercussion bien avérée dans la commune de Parçay et au commencement de l'épidémie ;

Cent vingt-six malades atteints de suette miliaire, dont soixante-huit ont pris au début le sulfate de quinine qui a toujours fait avorter la maladie en trois ou quatre jours de traitement. Trente-cinq l'ont pris après l'éruption accompagnée dans quinze cas de phénomènes pernicieux prononcés ; tous ont vu disparaître la fièvre après les doses suffisantes du spécifique, et l'éruption a suivi toutes ses phases d'une manière bénigne. Quarante n'ont pas pris de sulfate de quinine ; sur ce nombre, deux sont morts, quatorze ont guéri après des accidents plus ou moins graves, vingt-quatre ont été légèrement atteints.

Enfin, j'ai vu soixante-six suettes miliaires compliquées de rougeole, sur lesquels huit malades sont morts sans sulfate de quinine, vingt-deux ont guéri avec le sulfate de quinine et trente-six avec le traitement ordinaire de la rougeole.

La rougeole a particulièrement sévi sur les enfants ; la suette miliaire a frappé surtout les adultes, mais tous les âges en ont été atteints depuis huit mois jusqu'à soixante-seize ans ; le sexe féminin bien plus que le sexe masculin !

Parmi les morts, il y a eu sept filles de 8 mois à 14 ans, deux femmes de 22 à 24 ans et un garçon de 2 ans.

CONCLUSION.

De tous ces faits et observations je tire les conclusions suivantes :

1º La suette miliaire est une affection produite par un empoisonnement miasmatique, caractérisée par des sueurs abondantes d'une odeur *sui generis*, par une éruption de vésicules miliaires plus ou moins confluentes, dont quelques-unes reposent sur une base rouge, et qui peut se transmettre par contagion comme la fièvre typhoïde.

2° La suette miliaire revêt souvent le type rémittent ou intermittent et ne tue que parce qu'elle prend quelquefois le caractère pernicieux.

3° Le sulfate de quinine est le spécifique de la suette miliaire comme il l'est de toutes les fièvres rémittentes ou intermittentes pernicieuses ou non.

4° A quelque période de la suette miliaire qu'il soit administré, le sulfate de quinine coupe toujours la fièvre, s'il est donné à dose suffisante, à moins de complication.

5° Donné convenablement au début et avant l'éruption, le sulfate de quinine coupe la fièvre, arrête la sueur et fait avorter en partie l'éruption, réduisant alors la maladie, quelles que soient sa forme et son intensité, à une affection sans gravité et d'une durée de quelques jours.

6° En un mot, le traitement de la suette miliaire est le même que celui de la fièvre intermittente et doit varier, comme lui, selon la forme et la gravité de la maladie.

7° Le quinquina et ses préparations ont la propriété de prévenir la suette miliaire, comme celle de la guérir.

Depuis la lecture de mon mémoire à la Société médicale de Tours, l'épidémie de suette miliaire a continué à sévir à Rochecorbon jusqu'au mois d'août dans le même rayon qu'elle ne paraît pas avoir franchi.

Pendant les mois de juin et juillet il n'y avait plus que des cas isolés qui n'ont pas reparu depuis le commencement de septembre.

Dans mon mémoire, je signalais ce fait, que la fièvre typhoïde sévissait endémiquement dans la vallée de Rochecorbon, et que le dernier cas de fièvre typhoïde était à peine éteint qu'éclatait le premier cas de suette. Aujourd'hui, je dois dire que le dernier cas de suette était à peine guéri que je voyais paraître le premier cas de fièvre typhoïde d'automne, dont le nombre, depuis le commencement de septembre s'élève déjà à treize, avec un seul décès.

Le sulfate de quinine m'a toujours donné les mêmes résultats dans le traitement de la suette miliaire, dont je compte aujourd'hui près de trois cents cas et dont soixante-six étaient compliqués de rougeole.

Depuis le jour où j'ai administré le sulfate de quinine

à haute dose dans cette maladie, je n'ai pas eu un seul décès.

Vers le commencement de juin la suette miliaire, qui ne frappait plus que des malades isolés à Rochecorbon, éclatait d'une manière formidable dans la commune de la Chapelle-sur-Loire, où elle faisait en quelques jours de nombreuses victimes. Là, comme à Rochecorbon, cette maladie succédait à une épidémie de fièvres éruptives, qu'elle venait compliquer et qui la masquaient aussi complétement.

Envoyé par M. le Préfet dans cette commune avec une commission composée de MM. Thomas, Haime, Charcellay et Dubos, je reconnus dans cette épidémie tous les caractères de celle qui venait de sévir à Rochecorbon, et je ne doutai pas que le même traitement n'obtînt le même succès. C'est en effet ce qui arriva.

A partir du 14 juin, jour de notre visite à la Chapelle, la mortalité, qui s'élevait à plus de vingt décès, cessa brusquement.

Le traitement par le sulfate de quinine, à haute dose, largement appliqué par les médecins de cette localité et des communes environnantes où l'épidémie s'étendait, produisit les mêmes effets spécifiques qu'à Rochecorbon.

Il y eut bien encore cinq ou six décès, mais dans tous ces cas le sulfate de quinine n'a pas été administré seul; on y a joint de la teinture de belladone.

Je dois signaler ici un fait remarquable : c'est que l'épidémie a franchi un espace de plus de 40 kilomètres dans la vallée de la Loire pour aller éclater dans une localité qui n'a aucun rapport de site avec celle de Rochecorbon, mais qui offre les mêmes causes d'insalubrité : marécages produits par le débordement de la Loire et citière entouré d'eau.

Le foyer de l'épidémie paraissait à petite distance du cimetière, comme à Rochecorbon.

Depuis quelque temps je me suis livré à des recherches bibliographiques sur la suette miliaire. J'ai lu un certain nombre de mémoires dont quelques-uns sont des ouvrages très-remarquables.

Je dois particulièrement en signaler deux, qui, écrits

à des points de vue très-opposés, sont cependant le produit d'observations attentives.

Le premier, écrit par M. Parot, en 1843, est une relation d'une épidémie de suette miliaire qui a sévi dans le département de la Dordogne en 1841 et 1842.

Dans cette épidémie, le sulfate de quinine a été administré avec des succès variés.

Considéré par M. Parot comme le remède héroïque de la suette miliaire, il a cependant échoué assez souvent dans cette épidémie.

Aussi, depuis cette époque, le sulfate de quinine recommandé dans quelques cas exceptionnels était loin d'être considéré comme un spécifique de la suette. Il était même repoussé complétement par quelques praticiens distingués.

M. Foucard a publié en 1854 un mémoire très-intéressant dans lequel il rejette complétement ce médicament.

Il avoue, il est vrai, qu'il ne l'a pas expérimenté largement, et le motif qu'il en donne, c'est qu'il a obtenu de l'épicacuanha tout le succès qu'il pouvait désirer.

Il m'est impossible de discuter ici ces deux méthodes si complétement opposées. Je dirai seulement que l'ipécacuanha a échoué entre les mains d'autres praticiens distingués, comme le sulfate de quinine, notamment à à Poitiers, dans la dernière épidémie de suette miliaire. — Cette différence de résultat tient-elle au génie particulier de l'épidémie ou aux différents modes d'administration des médicaments?

La lecture de tous ces ouvrages, dont quelques-uns sont écrits à un point de vue tout opposé au mien, m'a confirmé dans mes opinions sur la nature et le traitement de la suette miliaire.

J'ai pensé, et je suis encore porté à penser, que tout le succès dépend du dosage et du mode d'administration, et qu'il ne faut pas entraver le traitement spécifique par une amélioration intempestive, comme on le fait trop souvent.

Comme je l'ai dit dans mes conclusions, je crois toujours que la suette miliaire ne tue que parce qu'elle devient quelquefois pernicieuse, comme la fièvre intermittente ou rémittente, et qu'elle ne demande pas d'autre traitement que ces dernières.

L'ipécacuanha employé si largement par M. le docteur Foucard dans l'épidémie de Picardie, et avec tant de succès, a-t-il eu pour effet de prévenir les phénomènes pernicieux et par conséquent d'empêcher la mort? ou bien l'épidémie était-elle devenue si bénigne qu'il n'y avait plus de cas pernicieux? c'est ce qu'il est difficile de savoir.

Ce traitement suffit quelquefois pour couper une fièvre intermittente simple, mais non pour enrayer une fièvre pernicieuse.

Ce qu'il y a de certain, c'est que le plus grand nombre de suettes, c'est-à-dire toutes celles qui ne prennent pas un caractère pernicieux, guérissent parfaitement sans aucun traitement actif, pourvu qu'on observe les règles de l'hygiène et qu'on n'entrave pas le cours de la maladie par un traitement irrationnel. Seulement il est souvent impossible de reconnaître les cas qui vont devenir pernicieux, et on peut être surpris.

Ce qu'il y a de certain encore, c'est que j'ai employé le sulfate de quinine à haute dose dans des cas tellement graves par les phénomènes pernicieux qui les caractérisaient, que, sans cet admirable agent, la mort était certainement inévitable, et que, par son emploi, j'ai arrêté brusquement une mortalité à laquelle je ne voyais plus de limites. Dans l'épidémie de la Chapelle, il a produit les mêmes effets salutaires.

Ce n'était pas d'abord contre la suette que je dirigeais tous mes efforts, mais bien contre la fièvre pernicieuse, que je considérais comme une complication, et c'est en voyant les effets du traitement sur tous les phénomènes de la suette que j'ai été entraîné à l'employer dans tous les cas. Si j'avais été bien convaincu, comme je le suis aujourd'hui, que les phénomènes pernicieux étaient inhérents à la nature de la suette, j'aurais certainement hésité à administrer à haute dose un médicament indiqué seulement et avec réserve dans les traités généraux de pathologie (1), et repoussé dans les traités spéciaux les plus récents. (2)

Je dois terminer ici en déclarant que j'ai retrouvé

(1) Griselle, Rochoux, dans le dict. en 30 vol., Valleix, *Compendium de médecine pratique*.

(2) Foucart 1854, Gaillaud 1845, Loreau 1846, Boyès, thèse 1854.

dans l'ouvrage si remarquable de M. Parot une partie des idées que m'avaient suggérées l'étude et l'observation attentive de mes malades. Je suis bien convaincu, comme le dit cet honorable praticien, que sans les entraves apportées à son traitement par des médecins imbus d'idées opposées aux siennes, il eût obtenu des succès bien plus complets. Et il est très-possible que si j'eusse été aussi entravé par des confrères opposants, ou qui, par amour-propre, eussent voulu apporter une pierre à l'édifice de mon traitement, j'aurais échoué peut-être dans quelques cas et n'aurais pas persévéré ni poursuivi mon expérimentation.

Je dois donc ici rendre grâces à M. Thomas, qui, à chaque visite qu'il a faite à Rochecorbon, loin de me gêner dans cette expérimentation m'a fortement encouragé, ainsi que M. Haime, lorsqu'à sa dernière visite je lui fis part de mes observations. Ces deux messieurs, avec M. Pasquier, sont les seuls qui aient vu mon épidémie d'une manière assez complète pour en avoir une idée parfaite.

Il est inutile de rappeler ici que, comme moi, ces messieurs n'avaient vu que la rougeole, alors qu'elle masquait complètement la suette, et que, comme moi, ils ont parfaitement reconnu la suette, quand elle s'est montrée seule et avec son cortége ordinaire.

A la Chapelle nous nous sommes retrouvés tous les trois sur le même terrain, et là, il n'y a pas eu l'ombre d'une divergence dans l'appréciation de cette épidémie, qui nous présentait tous les caractères de celle de Rochecorbon.

J'ai recueilli un grand nombre d'observations très-intéressantes et qui viennent à l'appui de mes idées sur la suette. Je n'en ai point inséré dans mon mémoire, qui n'est qu'une simple relation des faits tels qu'ils se sont passés, et des impressions diverses que j'ai éprouvées pendant le cours de l'épidémie.

Peut-être un jour publierai-je ces observations, en donnant plus de développement à mes idées.

Mon mémoire, écrit à la hâte, au moment où la suette miliaire sévissait encore, a été lu à la Société médicale, en présence des médecins qui ont observé mon épidémie et qui ont reconnu la scrupuleuse exactitude de cette relation.

Il a été écouté avéc une extrême bienveillance, et sans soulever la moindre contradiction, par les membres présents de la Société, qui m'ont admis parmi eux, après avoir noté l'insertion de mon travail dans le Recueil annuel.

Rochecorbon, le 7 mai 1857.

LEBLED,
D.-M.

www.ingramcontent.com/pod-product-compliance
Lightning Source LLC
Chambersburg PA
CBHW061624040426
42450CB00010B/2658

GEORGES FEYDEAU

Les Enfants

MONOLOGUE EN VERS

dit par

COQUELIN AÎNÉ

de la Comédie-Française

PRIX : UN FRANC

PARIS
PAUL OLLENDORFF, Éditeur
28 bis, Rue de Richelieu, 28 bis

1887
Tous droits réservés

LES ENFANTS

DU MÊME AUTEUR :

Aux Antipodes, monologue provenço-comique, dit par Madame Judic, du théâtre des Variétés, 2ᵉ édition.............................	1 »
Un Monsieur qui n'aime pas les Monologues, monologue comique, dit par Coquelin cadet, de la Comédie-Française, 3ᵉ édition............	1 »
Le Mouchoir, monologue en vers, dit par F. Galipaux, du Palais-Royal, 2ᵉ édition............	1 »
Le Petit Ménage, fantaisie en vers libres, dite et illustrée par Saint-Germain, du Gymnase.....	1 »
La Petite Révoltée, monologue en vers, dit par mademoiselle O. d'Andor, des Variétés, 3ᵉ édit.	1 »
Trop Vieux! monologue en vers, dit par Saint-Germain, du Gymnase, 3ᵉ édition.............	1 »
Les Célèbres, monologue com., dit par Coquelin Cadet, de la Comédie-Française, 2ᵉ édition....	1 »
Le Volontaire, monologue comique en vers, dit par F. Galipaux, du Palais-Royal............	1 »
Le Colis, monologue en vers, dit par Saint-Germain, du Gymnase, 2ᵉ édition.............	1 »
Le Billet de Mille, monologue en vers, dit par Saint-Germain, du Gymnase, 2ᵉ édition.......	1 »
L'Homme Économe, monologue comique, dit par Coquelin Cadet, de la Comédie-Française......	1 »
L'Homme Intègre, monologue comique en prose, dit par Coquelin Cadet, de la Comédie-Franç..	1 »
Gibier de Potence, comédie bouffe, en un acte..	1 50

En préparation :

Notre Futur, saynète en un acte, jouée par mesdemoiselles Reichenberg et Bartet, de la Comédie-Française................................	1 »
Au Rideau! recueil de monologues et saynètes ..	3 50

GEORGES FEYDEAU

Les Enfants

MONOLOGUE EN VERS

DIT PAR

COQUELIN AÎNÉ

de la Comédie-Française

PARIS
PAUL OLLENDORFF, ÉDITEUR
28 bis, Rue de Richelieu, 28 bis
—
1887

Les Enfants

J'entends souvent parler de l'homme
Pour sa supériorité :
Rien le rend-il si lâche, en somme,
Si sot, que la paternité ?
En vérité, je me demande,
Quand je constate les tourments
Qu'il faut toujours qu'on en attende :
A quoi ça sert-il, les Enfants ?

On les adore — eh ! pourquoi faire ? —
Et l'on se voue à leur bonheur !
A quoi bon se river sur terre
Un boulet, de gaîté de cœur ?
C'est le trouble, l'inquiétude,
Un tracas de tous les instants !
Tout, sans espoir de gratitude...
A quoi ça sert-il, les Enfants ?

Et l'on subit le magnétisme
Qui vous plie à ce tout petit ;
Est-ce orgueil ou bien égoïsme ?
Devant son œuvre on s'aplatit.
L'homme est fier de sa créature,
S'en fait l'esclave en même temps...
Et c'est la loi de la nature !
A quoi ça sert-il, les Enfants ?

Ah ! je comprends vraiment la bête
Insouciante à ses petits,
Qui, le temps qu'il faut, les allaite,
Puis, part sans l'ombre de soucis.
Voilà des instincts admirables !
— A l'appui de nos arguments ! —
Que les bêtes sont raisonnables !...
A quoi ça sert-il, les Enfants ?

Puis, se séparant dans la vie,
La bête va de son côté,
Libre au gré de sa fantaisie,
Ignorant sa postérité.

Les petits peuvent bien se dire :
« Ça ne sert à rien, les parents ! »
Mais chacun vit comme il désire !...
A quoi ça sert-il, les Enfants ?...

Oh ! toi qui parles de la sorte,
Matérialiste enragé,
Toi, beau parleur, toi, tête forte,
Je voudrais te voir fustigé !
Non, tu n'as jamais été père
Pour tenir ces raisonnements !
En ce disant, es-tu sincère ?
« A quoi ça sert-il, les Enfants ? »

Mais ce sont eux qui font ta vie !
Mais ils sont ta chair, ils sont toi !
Et tout leur être s'associe
A ton être qui fait leur loi.
Puis, lorsque les destins te tuent,
Tu revis dans tes descendants
Car tes Enfants te perpétuent...
C'est à quoi servent les Enfants !

Mais tu n'as donc plus souvenance
Que tu fus jeune, toi, comme eux !
Et qu'on fit fête à ta naissance,
A toi qui fais le dédaigneux !
Peux-tu blasphémer ta jeunesse !
Heureux pour toi que tes parents
N'aient pas dit, avec ta sagesse :
« A quoi ça sert-il les Enfants ? »

D'ailleurs, toute parole est vaine :
Preuve que la Maternité,
Est une chose bien humaine...
C'est qu'elle a toujours existé.
Que serait la machine ronde
Avec tes beaux raisonnements ?
L'Enfant régénère le monde...
C'est à quoi servent les Enfants !

Et c'est partout dans l'existence :
Tu retrouves à chaque pas
Cette bienheureuse influence
Qu'exercent tous ces petits gas :

Toi! quand le trouble est au ménage,
Qui fait cesser les différends?
L'Enfant, qui chasse le nuage.
C'est à quoi servent les Enfants !

Toi, lorsque le chagrin te ronge,
Que la défaillance te prend,
Souvent tu vois la mort en songe,
Tu veux en finir lâchement ;
Qui t'arrête ? L'Enfant, que diantre !
Lorsque l'on a des garnements,
Cela vous met du cœur au ventre...
C'est à quoi servent les Enfants!

Toi, le philosophe, l'athée,
Le libre-penseur, l'esprit-fort !
Toi qui, d'une âme dégoutée,
Méprises Dieu, la foi, la mort :
L'Enfant pourtant ! voilà ta fibre,
Qui fait tomber tes arguments,
Et, grâce à lui, ta corde vibre...
C'est à quoi servent les Enfants.

Toi qui regardes la frontière,
Le pays que l'on a perdu
Si dans ton sein ton cœur se serre,
Dis, comment te consoles-tu ?
Nous aurons la deuxième manche,
Espères-tu; chacun son temps!...
L'Enfant est là pour la revanche !
C'est à quoi servent les Enfants !

Oh ! toi qui n'aimes pas l'enfance,
Attends que tu sois père un jour !
C'est là, malgré ton arrogance,
Que l'on te tiendra, par l'amour !
Et, va, — c'est plus fort que nous mêmes, —
Perds un seul de ces innocents,
Et tu verras si tu les aimes,
Et si cela sert, les Enfants !

MONOLOGUES

Affaires (les), monologue par Jean Mézin, dit par Coquelin cadet, de la Comédie française...... 1 »

Aiguilleur (l'), monologue dramatique, par A. Scheler, dit par Worms, de la Comédie-Française. in-18. 1 »

Amateur (l') de Peinture, monologue, par Phil. Gille, dit par Coquelin cadet, de la Comédie-Française, illustrations de Loir Luigi, in-18 .... 1 »

Amoureux (les), fantaisie en vers par Ch. Clairville, dite par Coquelin aîné, de la Comédie-Française (illustrations de Cabriol), in-18 .... 1 »

Après le Mariage, monologue, par Paul Manivet, dit par Mlle Marsy, de la Comédie-Franç., in-8... 1 »

Ardoise (l'), poésie, par Henri Jouin, dit par Mlle Reichenberg de la Comédie-Française.......... 1 »

Assuré (l'), monologue en vers, par Marcel Belloc, dit par F. Galipaux, du Pal.-Roy., in-18, 2ᵉ éd. 1 »

Au Jardin des Plantes, poésie, par Paul Lheureux, dite par Galipaux du théâtre du Palais-Royal (couverture illustrée par H. Gray)................ 1 »

Autour d'un Chapeau, saynète, par Jules Legoux, jouée par Mlle S. Reichenberg de la Com.-Fr., in-18 1 »

Aux Antipodes, monologue, provenço-comique. par Georges Feydeau, dit par Mme Judic, des Variétés, (couvert. illustrée par Lorin), 1 v. in-18, 2ᵉ éd. 1 »

Bain (le), monologue, par Charles Samson, dit par F. Galipaux, du th. du Pal.-Roy., in-18, 2ᵉ éd 1 »

Bavardes (les), scène tirée du *Mercure Galant* de Boursault, in-18 .... » 50

Billet de Mille (Le), monologue en vers, par Georges Feydeau, dit par Saint-Germain, du Gymnase. 1 »

Bijou Perdu (le), monol. en pr. par Louis Bridier et Edouard Philippe...................·............ 1 »

Bon Dieu (le), mon. en vers, par E. Grenet-Dancourt dit par Coquelin ainé, de la Com.-Franç., 2ᵉ éd. 1 »

Boudiné (le), par V. Revel, thèse en vers soutenue par Georges Noblet. du théâtre du Gymnase (couverture illustrée par Jan Van Beers) .... 1 »

Bouton (le), mon., par Hixe, dit par Des Roseaux 1 »

Bretelles (les), monologue en vers, par V. Revel, dit par Coquelin cadet, de la Comédie-Française. 1 »

Candidat (le), monologue, par E. R., in-18...... 1 »

Célèbres (les), monologue comique, par Georges Feydeau, dit par Coquelin cadet, de la Comédie-Française, in-18............................. 1 »

C'est la faute au Sillery, monol. en vers (avec illustrations de E. Klips), par A. Desmoulin, dit par Berthelier, in-18 .... 1 50

<small>Il a été tiré 25 exempl. de luxe sur papier Whatmann à 4 francs; 15 sur papier de Chine à 6 francs ; et 4 sur papier du Japon à 8 francs.</small>

Chapeaux (les), par J. G. Vibert, conférence faite au théâtre des Variétés par Berthelier. Un album in-4, illustré de 20 dessins 1 50

Chasse (la), mon. comique, par E. Grenet-Dancourt, dit par Coquelin ainé, de la C.-Fr., 5ᵉ éd., in-18 1 »

Cheval (le), mon., par Pirouette, dit par Coquelin cadet, de la C.-Fr. (illustr. par Sapeck), in-18, 3ᵉ éd. 1 »

<small>Il a été tiré 25 exemplaires sur papier Watmann (1 à 25) à 3 francs ; 10 exemplaires sur papier du Japon (26 à 35) à 6 fr.</small>

Chirurgien (le) du Roi s'Amuse, mon., par Arnold Mortier, dit par Coquelin cadet de la Comédie-Franç. dessins de Sapeck......................... 1 »

<small>Il a été tiré 7 exempl. sur papier de Chine à 3 fr. ; 15 exempl. sur papier du Japon à 5 francs.</small>

Cinq ans après, sayn. en pr., par Jules Legoux, jouée par Mme Damain, du Vaudeville, in-18, 2ᵉ éd. 1 »

Le Colis, mon. en vers, par Georges Feydeau, dit par Saint-Germain, du Gymnase, in-18........... 1 »

Comédie-Française a Alexandre Dumas, (la), à propos en vers, par M. Jean Aicard, dit à la Comédie-Française par M. Delaunay, le jour de l'inauguration de la statue d'Alexandre Dumas sur la place Malesherbes, 4 novembre 1883, in-16. .... » 50

<small>Il a été tiré à part 25 exemplaires numérotés sur papier de Hollande à 2 francs et un exemplaire unique sur papier du Japon offert à M. Alexandre Dumas fils.</small>

CONFESSION (la), duo mimique par un seul personnage, par Paul du Crotoy et Félix Galipaux, dit par Félix Galipaux, du th. du Palais-Royal, in-18, 2ᵉ éd. 1 »

COQ A L'ANE, monologue en vers, par Marcel Belloc, dit par Coquelin cadet, de la Com.-Franç... 1 »

COSTUME DE PIERROT (le), histoire vraie, monologue dramatique en vers par Alphonse Scheler, dit par Mᵐᵉ Sarah Bernhardt, in-18 .... 1 »

DE LA PRUDENCE, monologue en prose, par A. Guillon et A. des R., dite par Mlle J. Thénard, de la Comédie-Française........................ 1 »

DÉMOCRITE (scène tirée de), de Regnard, arrangée par Coquelin aîné, de la Comédie-Française...... » 50

DÉPUTÉ (le), monologue, par E. MORAND, dit par Coquelin cadet, de la Comédie-Française. ...... 1 »

ELECTION (l'), monologue en vers, par Julien Berr de Turique, dit par Coquelin cadet, de la Comédie-Française. .... 1 »

EMPLOYÉ (l'), monologue en prose, par Édouard Noel, dit par Coquelin cadet, de la Com-Fr. in-18. 1 50

EN FAMILLE. monologue en prose, (avec illustrations de A. Sapeck), par G. MOYNET, dit par Coquelin cadet, de la Comédie-Française, in-18 .... 1 50

Il a été tiré 25 exemplaires de luxe sur papier Whatmann à 4 francs ; 15 sur papier de Chine à 6 francs ; 4 sur papier du Japon à 8 francs.

ESCAPADE (l') scène par André Thomas, dite par Mlle Blanche Frémeaux, de la Com.-Fr. in-18 1 »

EXAMEN DE CONSCIENCE (l'), monologue en vers, par A. Mélandri, dit par Mlle Reichenberg, de la Comédie-Française, in-18 .... 1 »

FLIRTATION, monologue, par Eugène Adenis, dit par Coquelin aîné, sociétaire de la Com.-Fr., in-18 1 »

FOUS (les), poésie comique, par Charles Samson, dite par Coquelin aîné, sociét. de la Com.-Fr., in-18 1 »

GARÇON D'HONNEUR, odyssée en vers, par Paul Roux, racontée par Homerville (dessins de E. Ricaud) 1 50

GENS (les), fantaisie rimée, par Georges Lorin, dite par Félix Galipaux, du théâtre du Palais-Royal, (illustrée par Cabriol, sur papier teinté....... 1 50

Quelques exemplaires sur papier du Japon à 6 rancs.
— sur Whatmann à 4 francs.

Godart, monologue en prose de G. Moynet, dit par Coquelin cadet, de la Comédie-Française..... 1 »

Halle aux Baisers (la), monologue en vers par A. Mélandri, dit par Mlle Reichenberg, de la Comédie-Française (dessin de Willette).............. 1 »

Homme maigre (l'), monologue par Robert de Lille, dit par un *Homme gras*........................ 1 »

Homme propre (l'), monologue en prose par Ch. Gros, dit par Coquelin cadet, de la Comédie-Française (illustration de Cabriol)..................... 1 »

Homme qui baille (l'), monologue comique par Grenet-Dancourt, dit par Coquelin cadet, de la Comédie-Française, 2ᵉ édition........................ 1 »

Homme qui ne peut pas Siffler (l'), conte en vers par Eugène Adenis, dit par Coquelin ainé, de la Comédie-Française, in-18............................ 1 »

Je ne veux plus Aimer, monologue par Julien Berr de Turique, dit par Georges Guillemot, du théâtre du Gymnase, in-18 .... 1 »

Je vous Aime ! monologue en vers par Alph. De Launay, dit par Mlle Lincelle, du th. du Vaudev. 1 »

Idylle parisienne, monologue en vers par Georges Gillet, dit par Deroy, du th. de la Gaîté, in-18. 1 »

Lamento du Coquillage (le), insanité rimée par A. Mélandri, dite par Coquelin cadet, de la Comédie-Française (illustr. de Moloch), in-18.......... 1 »

Lettre d'Amour, saynète en prose par Jules Legoux, jouée par Mme Jeanne Marni, du théâtre du Gymnase, in-18................................. 1 »

Lettre Rose (la), monologue par Alphonse De Launay, dit par Mme Marguerite Conti, du théâtre de la Renaissance, in-18............................ 1 »

Lunettes de ma Grand'Mère (les), monologue en vers par H. Montapon, dit par Mlle Reichenberg, de la Comédie-Française, in-18................... 1 »

Madame la Colonelle, monologue en prose par Bridier et Édouard Philippe, dit par Mme Suzanne Lagier, du théâtre de la Porte-Saint-Martin, 3ᵉ édit., in-18................................ 1 »

Maisons (les), rimes humoristiques, par Georges Lorin, illustrées par Loir Luigi, dites par Félix Galipaux, du théâtre du Palais-Royal............... ..... 1 50
<small>Quelques exemplaires sur papier du Japon, 8 francs.
    »   »   »   de Chine, 6 francs.</small>

Maman ! naïveté en vers, par Paul Roux, dite par Mlle Hamann, du théâtre de l'Opéra, in-18... 1 »

Microbes (les), mon., par Maurice Millot, in-18. 1 »

Minet, mon., en v., par F. Bessier, dit par E. Bonheur. in-18.. 1 »

Moine (le), monol., par Jean Nicolaï, dit par Madame Anna Judic, du th. des Variétés, 2º éd., in-18. 1 »

Molière, stances par Ch. Jolliet, dites à la Comédie-Française, par Sarah Bernhardt et Lloyd, le 15 janvier 1879, à l'occasion du 257º anniversaire de la Naissance de Molière....................... » 50

Mon Duel, scène-monologue, par Paul Nas, avec de nombreuses illustrations dans le texte, in-18.. 1 »

Monologue (le), mon. en pr., par E. Bourrelier, dit par De Féraudy, de la Comédie-Fr., in-18.... 1 »

Monologue Moderne (le), par Coquelin cadet, de la Comédie-Française. In-16, avec illustrations de Loir Luigi.. 2 »
<small>Il reste de ce monologue quelques exemplaires de luxe sur papier teinté à 4 fr.; sur papier de Hollande à 6 fr.; sur papier Whatman à 6 fr.; sur papier de Chine à 8 fr ; sur papier du Japon à 10 fr.</small>

Monologues Comiques et Dramatiques, par E. Grenet-Dancourt, 4º édit., 1 vol. gr. in-18........... 3 50

Monologues et Récits, par Emile Boucher et Félix Galipaux, 1 vol. in-18...... .... 2 »

Mon Parapluie, monologue en vers, par Elie Frébault, dit par Félix Galipaux, du Palais-Royal. In-18 1 »

Monsieur mon Parrain, saynète, par J. Legoux, jouée par Mlle Durand, de la Comédie-Franç. In-18. 1 »

Mouche (la), monologue en vers, par E. Guiard, dit par Coquelin aîné, de la Comédie-Française. 23º édition, in-8................................... 1 »

Mouchoir (le), monologue en vers, par G. Feydeau, dit par Félix Galipaux. In-18. .... 1 »

Moyen de rester fille (le), fant. en vers, par V. Revel, dite par Mlle G. Réjane, du Théât. des Variétés 1 »

NOURRICE (la), monologue en prose, par Ernest Daudet dit par Mlle Reichenberg, de la Comédie-Française. In-18 .... 1 »
Quelques exemplaires sur papier de Hollande, 2 fr.

NOUVEAU-NÉ (le), poésie par Jules Adenis, dite par Mlle Reichenberg, de la Comédie-Franç. In-18. 1 »

ON DEMANDE UN MINISTRE! monologue en prose par Maurice Desvallières et Gaston Joria, dit par Mademoiselle Thénard, de la Comedie-Fran. In-18. 1 »

PANOPLIE : *le Drapeau, les deux Clairons, le Casque, l'Espée*, par Jules Legoux. In-18, illustrations par M. Gérald........................... 1 50

PARIS, monologue en prose, par E. Grenet-Dancourt, dit par Coquelin cadet, de la Comédie-Française 8° édit., in-18............................ 1 »

PAR TÉLÉPHONE, saynète, par Jules Legoux, jouée par Mlle Thénard de la Comédie-Française. In-18 1 »

PETITE CHOSE (la), monologue en vers, par V. Revel, dit par Mlle G. Réjane, du théâtre du Vaudeville et par Galipaux, du théâtre du Palais-Royal. In-18... 1 »

PETITE RÉVOLTÉE (la), monologue en vers, par G. Feydeau, dit au Cercle des Castagnettes par Mademoiselle O. d'Andor..................................... 1 »

PETIT-JEAN, par J. Truffier, à-propos en vers, dit à la Comédie-Française, par Coquelin aîné, le 21 décembre 1878, à l'occasion du 239° anniversaire de la naissance de Racine. In-18 .... 1 »

PETIT MÉNAGE (le), monologue en vers, par G. Feydeau, dit et illustré par Saint-Germain, du Gymnase 1 »

PIANISTE (le), monologue en prose, par E. Morand, dit par Coquelin cadet, de la Comédie-Franç. In-18 1 »

PIÈCES A DIRE, par Adolphe Carcassonne, 2° édit., 1 vol. gr. in-18.. 1 »

POT A FLEURS (le), monologue en vers, par H. Lefebvre, dit par F. Galipaux, du théâtre du Palais-Royal 1 »

POUR LES JEUNES FILLES, monologue en vers, par Jacques Normand, dit par Mlle Barretta, de la Comédie-Française.................................. 1 »

PRÉDICTION (la), poésie, par André Alexandre, dite par Mme Emilie Broisat, de la Comédie-Franc. In-18 1 »

Paris. — Imp. A. WARMONT, Palais-Royal

LIBRAIRIE PAUL OLLENDORFF
28 bis, Rue de Richelieu, PARIS

Disons des Monologues, par Paul Lheureux, 1 vol. in-18.	3 50
A côté de la Rampe, comédies et saynètes, par E. Romberg, 1 vol. gr. in-18	3 50
Nouveaux proverbes, par (Tom-Bob), contenant *Le Page Vénitien, Après la Pluie le Beau Temps, Un Bijou n'est jamais perdu*, 1 vol. in-18	1 50
Théâtre bizarre. — **Une Vocation.** — **L'Athlète.** — **Un Ménage Grec.** — **Trilogie fantaisiste**, en vers, par R. Palefroi, 1 joli vol. in-16	4 »
La Prononciation Française et la **Diction**, à l'usage des écoles, des gens du monde et des étrangers, par Alfred Cauvet, 1 vol. in-18.	2 50
Principes de Diction, par H. Dupont-Vernon, de la Comédie-Française, 1 vol. in-18.	2 »
La Diction et l'Éloquence, par Alphonse Schelér, 1 vol. in-18	1 »
Les Mille et une Nuits du théâtre (1re sér.), par A. Vitu, 1 vol. gr. in-18.	3 50
Les Mille et une Nuits du théâtre (2e série) par A. Vitu, 1 vol. gr. in-18.	3 50
Les Mille et une Nuits du théâtre (3e série) par A. Vitu, 1 vol. gr. in-18.	3 50
L'Art de dire le Monologue, par Coquelin aîné et Coquelin cadet, de la Com.-Fr., 1 v. gr. in-18	3 50
Monologues Comiques et Dramatiques, par E. Grenet-Dancourt, 1 vol. in-18.	3 50
Monologues et Récits, par Émile Boucher et Félix Galipaux, 1 vol. in-18	2 »
Théâtre à la Ville, comédies de cercles et de salons, par E. Ceillier, 1 vol. in-18.	3 »
Théâtre de Campagne, par E. Legouvé, E. Labiche, H. Meilhac, E. Gondinet, etc., etc. Ont paru les séries 1 à 8. Chaque série forme un volume in-18 jésus.	3 50

Paris — Imp. A. Warmont, 22-24, Galerie d'Orléans, Palais Royal.

www.ingramcontent.com/pod-product-compliance
Lightning Source LLC
Chambersburg PA
CBHW061623040426
42450CB00010B/2636